VOLTAIRE TRIOMPHANT,

OU

LES PRÊTRES DÉÇUS;

DRAME.

(Attribué à Anacharsis Cloots)

PERSONNAGES.

VOLTAIRE.
LE MARQUIS DE VILLETTE.
LA HARPE.
LA FORTUNE, Secrétaire de Voltaire.
LE CURÉ DE St. SULPICE.
L'ABBÉ GAUTIER, Supérieur de la Maison des Incurables.
LA PILULE, Garçon Apothicaire.

La Scene est à Paris, Hôtel de Villette, Quai des Théatins.

VOLTAIRE TRIOMPHANT,

ou

LES PRÊTRES DÉÇUS;

DRAME.

SCÈNE PREMIÈRE.

LE MARQUIS DE VILLETTE, LA HARPE.

LE MARQUIS.

Oui, mon cher la Harpe, ce diable d'abbé Gautier veut entrer à toute force. Je l'ai fait éconduire vingt fois, & vingt fois il revient à ma porte.

LA HARPE.

Quoi ! ce fanatique convertisseur, ce prêtre insensé ?

LE MARQUIS.

Oui, ce prestolet ayant appris la maladie grave du grand homme qui loge chez moi, il prétend triompher du double état de vieillesse & d'agonie du philosophe Voltaire, comme il a triomphé de la décrépitude du chansonnier l'Attaignant.

LA HARPE.

Il me vient une idée. Il faut jouer un tour à cet ardent apôtre.

LE MARQUIS.

Comment cela ?

LA HARPE.

Laissez-moi faire. Il sera bafoué d'importance.

LE MARQUIS.

O! soyons prudens; ces gens-là sont dangereux.

LA HARPE.

Ne craignez rien, Monsieur ; il n'y a qu'une façon de s'y prendre.

―――――――――――――

SCENE II.

LE MARQUIS, LA HARPE, LA FORTUNE.

LA FORTUNE.

Monsieur le Marquis, je viens pour...

LE MARQUIS.

Eh bien, la Fortune, ton maître a-t-il un peu reposé cette nuit?

LA FORTUNE.

Cela va très-mal, très-mal; mais j'espere toujours; car tant qu'on vit il y a de l'espérance; & Monsieur de Voltaire est si accoutumé de vivre qu'il perdra difficilement cette bonne habitude. Il souhaiteroit vous parler un instant, Monsieur.

LE MARQUIS, *en s'en allant.*

Je crois, petit coquin, que tu plaisanteras jusqu'à ton dernier soupir.

SCENE III.

LA HARPE, LA FORTUNE.

LA HARPE.

Ecoute, la Fortune, aimes-tu les prêtres?

LA FORTUNE.

Dieu m'en préserve! Le secrétaire de Voltaire aimeroit cette engeance de calottins!

LA HARPE.

Pardon si je te demande cela; mais c'est que j'ai un projet qui ne peut s'exécuter que par ton ministere.

LA FORTUNE.

Un projet anti-sacerdotal? O je suis des vôtres; pourvu toutefois qu'il n'y ait pas de risque.

LA HARPE.

Pas le moindre danger.

LA FORTUNE.

C'est que, voyez-vous, on est tout aussi bien pendu de la part de ces Messieurs-là que de toute autre part.

LA HARPE.

Il ne s'agit ici ni de crime ni de pendaison; il s'agit....

SCENE IV.

LA HARPE, LA FORTUNE, LA PILULE.

LA PILULE.

Où est Monsieur le Marquis de Villette ? J'ai une déclaration à lui faire. Quelle indignité ! quelle abomination ! les chiens de prêtres !

LA FORTUNE.

Eh! qu'as-tu, notre ami la Pilule ? Tu es tout essoufflé. Ton maître est-il malade aussi ?

LA PILULE, *courant çà et là.*

Je n'ai rien à vous dire. Monsieur le Marquis ! M. le Marquis !

LA HARPE.

Repose-toi, la Pilule; je vais trouver Monsieur le Marquis.

LA FORTUNE.

Le Sieur de la Pilule est devenu bien fier! apparemment qu'un autre garçon est chargé à sa place de l'administration des Pays-Bas: la science enfle, & sur-tout celle de Monsieur de la Pilule.

―――――――

SCENE V.

LE MARQUIS, LA PILULE.

LE MARQUIS.

Qu'avez-vous à me dire, la Pilule?

LA PILULE.

Rien n'est plus noir, rien n'est plus affreux. Je reçus hier, Monsieur, un billet que voici, par lequel on me mandoit au Cours la Reine. J'y fus; & deux ecclésiastiques me glissant trois louis dans ma main, me promirent des monceaux d'or si je voulois empoisonner Monsieur de Voltaire; & ils firent un beau discours pour prouver que, selon toutes les loix divines & humaines, il étoit permis & méritoire d'ôter la vie à Voltaire.

LE MARQUIS.

Ceci me paroît bien étrange: Voltaire est vieux & malade; Voltaire a dit tout ce qu'il avoit à dire contre la foutane & le froc. Sois sûr que c'est une méchante rufe pour donner des inquiétudes à mon illustre hôte. Quand on veut empoisonner quelqu'un, on a d'autres motifs & d'autres moyens. N'ébruitez donc pas cette aventure, je vous en prie.

LA PILULE.

Vous pensez juste, monsieur le marquis; je suivrai votre conseil.

LE MARQUIS.

Quant à l'argent d'iniquité que l'on t'a remis, donne-le aux pauvres.

LA PILULE.

C'est ce que j'ai fait, Monsieur, en le mettant dans ma poche; car je suis gueux comme rat d'église.

SCENE VI.

SCENE VI.
LE MARQUIS, LA HARPE.

LA HARPE.

Ma proposition, Monsieur, fait plaisir à la Fortune; il s'y prêtera volontiers. Étant fort maigre & ne manquant pas d'esprit, il jouera parfaitement son rôle. Sa seule crainte est de ne pouvoir s'empêcher de rire.

LE MARQUIS.

Il n'a qu'à se pincer les levres.... Parbleu! comme on frappe; c'est sans doute l'abbé Gautier; j'ai donné ordre de le laisser entrer pour cette fois-ci.

SCENE VII.

LE MARQUIS, LA HARPE, L'ABBÉ GAUTIER.

L'ABBÉ GAUTIER.

Dieu en soit loué ! nos prieres commencent à s'exaucer. Je viens ici, Monsieur, pour rappeler une ame à dieu, pour tirer une ame des bords escarpés d'un profond précipice ; je viens pour placer une ame dans le sein glorieux d'Abraham.

LE MARQUIS.

Dieu en soit loué, Monsieur.

L'ABBÉ GAUTIER.

Je ne demande qu'à parler au moribond pour réussir, dieu aidant.

LE MARQUIS.

Je prie dieu qu'il vous assiste, Monsieur l'abbé.

LA HARPE.

La science de Monsieur l'abbé est si vaste, sa logique si saine, son éloquence si terrassante, son crédit auprès du pere éternel si éprouvé ; sa réputation est si bien établie, que le succès le plus éclatant couronnera infailliblement sa mission.

L'ABBÉ GAUTIER.

Ah! Monsieur, que me dites-vous là! si je suis quelque chose, c'est par les souffrances du fils de l'éternel; c'est par le zele qui me dévore pour la maison du Seigneur.

LA HARPE.

Un saint homme comme vous, Monsieur l'abbé, n'est assurément pas dévoré par l'ambition, par la cupidité, par la soif de l'or, par le zele pour la maison de Plutus : non ce n'est point là le défaut des prêtres. La médisance n'a point de prise sur vous.

―――――

SCENE VIII.

LE MARQUIS, LA HARPE, L'ABBÉ GAUTIER, LA FORTUNE *alité*.

LA FORTUNE.

Etre des êtres, ne permets pas que l'erreur de mon enfance rentre jamais dans mon esprit.

L'ABBÉ GAUTIER.

Plût à dieu, trop célebre vieillard, que la doctrine de votre enfance eût été la doctrine de votre vie entiere, & que la même plume qui a manifesté durant soixante ans une funeste apostafie, eût servi durant soixante ans à constater votre christianisme! Les portes du ciel maintenant vous seroient ouvertes, les messagers de l'agneau sans tache étendroient leurs ailes pour vous transporter dans le séjour ineffable des bienheureux. Mais hélas! je vois s'ouvrir un gouffre enflammé; voilà l'enfer; il redouble ses supplices; Satan rougit dans un feu de bitume, les chaînes qui vont captiver éternellement une ame qui a fait la damnation de tant d'ames!

LA FORTUNE.

O Dieu! que dites-vous là? je tremble, je frissonne, Jesus Maria! je suis damné, il n'y a plus d'espoir; au secours, au secours!

L'ABBÉ GAUTIER.

Ne vous désespérez pas; il en est encore tems, rétractez vos erreurs; confessez vos péchés, & vous échapperez à l'enfer.

LA FORTUNE.

Je rétracte, je confesse; je ne raisonne plus, je crains.

L'ABBÉ GAUTIER.

Crainte salutaire, crainte miraculeuse! quand cette crainte divine parle, la raison orgueilleuse se tait. Dieu de miséricorde; consulte ta clémence; Voltaire fondant en larmes tombe humblement à mes pieds; Voltaire contrit efface le scandale de sa plume par le scandale de la croix.

Jesus! Jesus-Christ! ton sang fut répandu pour ce héros de l'impiété comme pour les héros de la foi : ton sang mêlé avec les sanglots du pécheur efface toute souillure ; Voltaire est couvert de ton sang, & il ne cesse de pleurer : songe à tes promesses, & tu vas l'absoudre par ma bouche. (*Ici la Fortune se confesse tout bas ; on entend par-ci par là des mots entrecoupés tant du pénitent que du confesseur: après quoi l'abbé Gautier dit tout haut :*) Ego te absolvo, in nomine patris & filii & spiritûs sancti. Amen.

LE MARQUIS.

Vous avez vaincu, Monsieur l'abbé.

L'ABBÉ GAUTIER.

C'est dieu, c'est la religion, c'est la vérité qui ont vaincu. Il n'y a de moi dans ce mémorable événement que des prières ferventes. Je n'ai jamais douté du succès ; la gloire de Dieu m'en étoit garant : le parti nombreux des incrédules auroit tiré un trop grand avantage de l'impénitence finale d'un génie comme l'incomparable Voltaire ; les fideles devoient s'attendre à cette marque signalée de la bonté de leur cause. Vous me permettrez, Messieurs, de vous quitter ; le tems presse ; je vais prendre des arrangemens avec Monsieur le curé de St. Sulpice : sans adieu.

SCENE IX.

LE MARQUIS, LA HARPE, LA FORTUNE, *saute hors du lit, se débarasse de son costume de malade, parcourt la chambre en éclatant de rire.*

LA FORTUNE.

Ah! ah! ah! ah! que je suis aise de pouvoir rire à mon aise. Ah le bon abbé Gautier!

LE MARQUIS.

Samblen! la Fortune, tu as joué ton rôle en perfection : la même voix, le même geste, le même tic ; j'ai pensé d'y être trompé moi-même.

LA FORTUNE.

J'aurois voulu, Monsieur, que vous eussiez entendu ma confession.

LE MARQUIS.

Tu as beaucoup toussé.

LA FORTUNE.

La toux m'a beaucoup aidé à couvrir les éclats de rire dont je n'étois pas le maître en écoutant les étranges capucinades du très-étrange Gautier.

LE MARQUIS.

Comment ce tête-à-tête s'est-il passé?

LA FORTUNE.

Le mieux du monde. J'ai dit à ce crâne de prêtre, que j'avois assassiné vingt hommes & autant de femmes; que j'avois exercé la pédérastie & la bestialité; que j'avois volé quelques douzaines d'hosties consacrées pour les faire servir en nougat chez des filles, & que par conséquent ni Dieu ni lui Gautier ne pouvoient m'absoudre. Qu'à cela ne tienne, me répondit le complaisant directeur, qu'à cela ne tienne, j'ai droit de remettre tous les péchés quelconques, eussiez-vous violé & pere & mere, Dites; je me repens; & je vais vous absoudre.

LE MARQUIS.

Et l'on dira que cette religion n'est pas dangereuse!

LA HARPE.

Il me semble, Monsieur, que tous les scélérats devroient embrasser une secte pareille. Comme ils sont moralement sûrs qu'un jour la crainte de l'éternité emmenera un sincere repentir, ils sont conséquemment certains qu'une vie criminelle ne les empêchera point d'aller en paradis. L'efficacité de l'absolution sacerdotale est malheureusement si bien établie, que les passans sont, pour ainsi dire, invités par elle au crime. L'homme vertueux mourant & le coquin mourant rentrent dans la même classe au son du fatal : *Ego te absolvo*, le premier par la voie étroite de l'intégrité, le second par la voie large du désordre. Ce sacrement encourage la canaille & les grands à la rapine & au meurtre. Un homme veut se battre en duel ; mais la crainte d'être tué lui ôte l'envie de tuer son prochain. Un charlatan arrive & lui dit : mon ami, c'est un crime que le duel, je ne te le conseille pas ; mais, au reste, j'ai une eau vulnéraire qui guérit radicalement les blessures mortelles, eût-on le cœur percé de trois balles ou de trois coups d'épée ; pourvu seulement que le blessé souhaite sincerement sa guérison, je suis sûr de le guérir. Mon brave, que la crainte retenoit, n'ayant plus ce motif réprimant, va se battre à toute outrance. Le confessionnal fait l'espérance du méchant, & le désespoir du sage : c'est la banniere de l'impunité.

LE MARQUIS.

Oui certainement. Et j'en suis si convaincu, que tout valet qui a cette mauvaise manie est chassé de chez moi sur le champ.

LA FORTUNE.

LA FORTUNE.

Si Monsieur de Voltaire savoit que Monsieur son secrétaire a fait aujourd'hui une confession générale; ah comme il m'arrangeroit! Les domestiques se servent de cette marote pour tromper leurs maîtres & pour étouffer le remords: enrichi à la faveur de ce masque lucratif, on se retire, on se confesse une bonne fois, on jette une modique somme dans le tronc des moines, & voilà mes voleurs dévots en paix avec la conscience.

LE MARQUIS.

De toutes les sectes qui polluent la terre, je n'en connois point d'aussi méprisable que celle de nos Jammabos.

SCENE X.

LE MARQUIS, LA HARPE, LA FORTUNE, LE CURÉ DE St. SULPICE.

LE CURÉ.

Qu'ai-je appris ! quelle gloire pour l'église ! Le patriarche des incrédules est prosterné devant le dieu des chrétiens. Si Jupiter parut grand à l'hiérophante Dioclès, quand Epicure s'agenouilloit dans son temple ; combien le bois de la rédemption ne doit-il pas resplendir à nos yeux, en le voyant mouillé des larmes de Voltaire ? O jour à jamais fameux dans nos annales ! O jour saint marqué si visiblement par le doigt du saint des saints !

LE MARQUIS.

Vous semblez être en extase, Monsieur le curé.

LE CURÉ.

Tout chrétien doit être transporté de joie en apprenant cette merveilleuse conversion. Je viens, Monsieur, féliciter le malade : & comme pasteur de la paroisse je dois lui faire une exhortation, avant qu'il ne puisse être administré,

LE MARQUIS.

Monsieur de Voltaire sera très-flatté & très-reconnoissant de la tendre sollicitude de Monsieur le curé.

LE CURÉ.

Ce grand homme ne me doit rien : il doit tout à dieu & au saint abbé Gautier.

LE MARQUIS.

La Fortune, avertissez votre maître de l'arrivée de M. le curé.

LA FORTUNE, *en s'en allant.*

Ce sera lui apprendre une nouvelle des plus agréables, car depuis hier au soir il ne parle qu'avec éloge de Messieurs les prêtres.

LE CURÉ.

O *Altitudo !* la grace touche les uns dans la jeunesse, les autres dans la vieillesse, ceux-ci dans la santé, ceux-là dans la maladie. La grace qui touche actuellement Monsieur de Voltaire, tous les fideles la partagent avec lui, leur foi ébranlée par sa longue défection, devant se raffermir par sa sanctifiante palinodie.

SCENE XI.

LE MARQUIS, LA HARPE, LA FORTUNE, LE CURÉ, VOLTAIRE, LA PILULE.

Le théâtre représente la chambre de Voltaire alité; la Pilule est dans un coin où il prépare une médecine.

LE MARQUIS, *devançant les autres.*

Voici le curé de St. Sulpice, Monsieur, qui va vous servir d'un plat de son métier.

VOLTAIRE.

Que me veut ce prêtre? Quoi, toujours des prêtres à mes trousses? Quand nous laissera-t-on naître, vivre & mourir sans la prêtraille? Dieu, la raison me parlent; je n'ai que faire d'un prêtre: mon cadavre sera au service de Monsieur le curé; mais moi, non.

LE CURÉ.

Une brebis égarée vient de rentrer dans le bercail, quelle joie pour le pasteur! Souffrez, Monsieur de Voltaire, que je vous témoigne toute la satisfaction que le récit du pieux abbé Gautier fait éprouver à mon cœur.

VOLTAIRE.

Oui, l'abbé de l'Attaignant, Monsieur, est un bon homme; son exemple fera d'autres exemples, & l'abbé Gautier des incurables est un saint homme.

LE CURÉ.

L'exemple de Monsieur de Voltaire combien ne va-t-il pas nous faire de prosélytes, puisque celui de l'abbé de l'Attaignant a été suivi par le sublime Voltaire.

VOLTAIRE.

L'exemple d'un l'Attaignant! qu'appellez-vous, Monsieur ?

LE CURÉ.

Passez-moi cette expression, Monsieur, c'est par maniere de parler. On sait fort bien que le génie du siecle n'a besoin de l'exemple de personne pour motiver ses démarches.

VOLTAIRE.

Au fait, Monsieur, au fait; sont-ce des aumônes que vous venez me demander pour vos pauvres ? J'ai pourvu à tout : on vous comptera quinze mille livres vingt quatre heures après ma mort.

LE CURÉ.

Mon sacré ministere exige que je vous parle de l'éternité, quoique, vu votre conduite envers l'abbé Gautier, mes paroles doivent être inutiles.

VOLTAIRE.

O ! assurément, Monsieur le curé, inutiles & très-inutiles.

LE CURÉ.

Je commence : Au nom du père & du fils & du saint esprit. Ainsi soit-il. Monsieur de Voltaire, croyez-vous en dieu ?

VOLTAIRE.

Mes ouvrages, indépendamment de mes paroles, prouvent au long que j'adore l'être suprême.

LE CURÉ.

Monsieur de Voltaire, croyez-vous en notre seigneur Jesus-Christ ?

VOLTAIRE.

Au nom de dieu, ne m'en parlez pas.

LE CURÉ.

Juste ciel ! y pensez-vous ? après vous être réconcilié avec Jesus-Christ, après avoir confessé vos fautes, après que l'abbé Gautier vous a absous !

VOLTAIRE.

Vous m'insultez, Monsieur ; serois-je assez traître à la vérité pour admettre une doctrine mensongere ? O dieu ! un Juif seroit mon dieu ! un prêtre seroit mon guide ! je m'adresserois à un homme pour être absous de ce que dieu seul peut abfoudre ! je ferois affez ennemi & de moi même & de dieu & des hommes en feignant de mourir dans l'erreur, après avoir prêché toute ma vie contre l'erreur ! je fomenterois par mon exemple un culte facrilege, dont j'ai démontré, par ma plume, le ridicule, le faux, l'abfurde & le pernicieux ! Une démarche auffi infâme troubleroit le repos de mes cendres ; le fouvenir de cette exécrable conduite rendroit ma mémoire odieufe : mon ame feroit la jufte victime de la juftice vengereffe du dieu jufte.

LE CURÉ.

Quel affreux torrent de blafphêmes !

VOLTAIRE.

Mentir à dieu c'eft blafphêmer ; & vous voulez me faire mentir.

LE CURÉ.

Quoi, né chrétien, vous vous révoltez contre le chriftianifme ?

VOLTAIRE.

Je fuis né raifonnable, & les droits de la raifon marchent devant ceux du prêtre. Secouer le joug de la raifon eft une révolte, & vous voudriez que je le fecouaffe. Tentative vaine ; n'y fongez point.

LE CURÉ.

Adorable trinité, & vous verbe incarné, Jesus, venez à mon aide; prêtez des forces à un foible ministre de vos autels, afin que...

VOLTAIRE.

Monsieur, au nom de dieu, retirez-vous avec votre misérable Galiléen, & laissez-moi mourir en paix dans les bras de l'éternel.

SCENE XII.

(25)

SCENE XII.

LE MARQUIS, LA HARPE, VOLTAIRE, LE CURÉ, LA FORTUNE, LA PILULE, L'ABBÉ GAUTIER.

L'ABBÉ GAUTIER.

Jesus-Christ, les saints, les esprits immaculés, l'église triomphante, l'église militante, l'église souffrante, le ciel & la terre & le purgatoire rendent gloire à dieu ; toutes les voûtes des cieux retentissent de cantiques sacrés qui contiennent le nom mille fois répété de Voltaire pénitent, du religieux Voltaire, de Voltaire très-chrétien & très-catholique. Anges, archanges, trônes, & dominations, que la divine harmonie de vos concerts célestes se fasse entendre du pôle septentrional au pôle méridional ; & que l'entrée de Voltaire dans le sanctuaire de Jehovah, soit le signal de la conversion générale de tous les hérétiques, de tous les infideles, de tous les philosophes, dont l'enfer impitoyable fait journellement une si triste & abondante moisson !

VOLTAIRE.

Hé ! cher marquis de Villette, votre hôtel,

ce temple de la philosophie, seroit-il devenu le théâtre du fanatisme ? Qu'est-ce que ce nouvel énergumene ?

L'ABBÉ GAUTIER.

Méconnoîtriez-vous, Monsieur, celui qui vous a ramené auprès de Jesus-Christ ? Votre confession de tantôt...

VOLTAIRE.

Quelle confession ? moi me confesser ! vous m'absoudre ! Eloignez-vous, satellite insidieux d'un clergé fripon.

L'ABBÉ GAUTIER.

Désolante abomination ! je vais me retirer pour revenir incontinent avec main forte. Apostat Infernal, vous serez livré au bras séculier. Les crimes atroces que vous m'avez déclarés seront déférés à la justice. Tu périras, monstre, sur l'échaffaut.

VOLTAIRE.

La tête lui tourne. Ce porte-dieu ne loge-t-il pas aux petites maisons ?

L'ABBÉ GAUTIER.

Assassin, empoisonneur, pédéraste, vous mourrez par la main du bourreau.

LA FORTUNE.

Comment, Monsieur le prêtre, vous iriez

violer le secret de la confession auriculaire ! Ignorez-vous le supplice des confesseurs indiscrets ? La Greve seroit également votre partage.

L'ABBÉ GAUTIER.

N'importe : il faut que la tête du scélérat tombe ; il faut que la flamme dévore le relaps ; il faut que les sacrileges du profanateur soient révélés. Si cette indiscrétion n'est point graciable aux yeux du magistrat, je mourrai joyeusement ; je mourrai martyr du zele qui jadis fit couler le sang des martyrs.

LE MARQUIS.

Attendez une meilleure occasion ; car nous attestons tous que Monsieur de Voltaire ne s'est point confessé.

LA HARPE.

Oui, Monsieur l'abbé, nous en ferons serment ; & le monde se rira de vous.

LA FORTUNE.

C'est moi, monsieur le martyr, qui me suis diverti à vos dépens. N'est-ce pas cette voix-ci que vous avez entendue ? (*Il contrefait sa voix*) Hélas ! mon pere, mes fautes sont aussi énormes qu'innombrables : vous allez apprendre des horreurs.

L'ABBÉ GAUTIER.

C'est donc comme cela que l'on se joue de dieu & des hommes.

LE CURÉ.

Un valet apporte un billet à la Fortune qui le lit tout bas.

Je vous l'avois bien dit, Monsieur l'abbé, si vous vous contentiez modestement de desservir la chapelle des incurables sans faire l'apôtre dans les paroisses de Paris, ce désagrément ne nous seroit pas arrivé. La capitale, la province, l'étranger vont avoir un nouveau sujet de moquerie, & un nouveau prétexte pour dénigrer & décréditer notre robe & notre religion. Hé Monsieur! ne vous mêlez point de ce qui ne vous regarde point.

LA HARPE.

Vous êtes consternés, Messieurs, & confondus. Encore, si le prudent supérieur des incurables n'avoit pas publié sa prétendue victoire.

LE MARQUIS.

C'est là le pis : les sarcasmes seront poignans.

LA FORTUNE, *tenant son billet dans la main.*

On a vu Monsieur l'abbé Gautier courir à perte d'haleine de maison en maison; on l'a vu distribuer des bulletins dans tout Paris pour annoncer le retour de Monsieur de Voltaire à l'homme-dieu, au théantrope de Nazareth. Les incrédules, crioit-il dans les carrefours, n'ont plus de chef ; leur chef les abandonne : Voltaire est chrétien ; la bible triomphe ; le mensonge est déconcerté. *Te deum laudamus.*

LA PILULE, *regardant fierement l'abbé Gautier, et celui-ci jetant de tems en tems des regards inquiets sur la Pilule, à part.*

Ne seroit-ce pas là un de ces ecclésiastiques que j'ai eu l'honneur de voir au Cours-la-Reine ?... Oh c'est lui tout craché... ou si je me trompe, il y a, ma fine, deux abbés à Paris qui se ressemblent comme deux gouttes d'eau. Mais motus.

LE CURÉ.

Notre culte n'étoit pas encore assez ébranlé ; le catholicisme devoit être plus chancelant encore : votre déplorable aveuglement, Monsieur le supérieur, lui attire un coup aussi sensible Fâcheux contre-tems ! misérable occurrence, lugubre perspective ! ce malheur reaillira sur toute l'étendue de l'église.

L'ABBÉ GAUTIER.

Mon intention étoit droite : j'en appelle, en gémissant, au scrutateur infaillible des replis les plus cachés du cœur.

LE MARQUIS.

Ha! Messieurs, nous vous respectons infiniment; mais souffrez de grace que l'on vous observe qu'il est cruel de troubler le repos des malades. L'humanité vous conjure de faire vos lamentations ailleurs. Ayant échoué ici, il vous seroit plus expédient de sécher vos pleurs auprès d'une bonne & douce béate, que de vous consumer en complaintes oiseuses devant nous.

VOLTAIRE, *les prêtres se retirant d'un air humilié et lentement.*

Que le grand architecte de l'univers soit glorifié! que le sage se réjouisse! que le sacerdoce, ce fléau du genre humain, se désespere! La vérité m'a rendu victorieux; elle ne m'abandonne point au dernier moment, au moment décisif: je meurs content: les prêtres sont déçus.

FIN.

www.ingramcontent.com/pod-product-compliance
Lightning Source LLC
Chambersburg PA
CBHW060620050426
42451CB00012B/2345